MEDITAÇÃO

Como Alcançar A Paz Interior E Encontrar A Felicidade Real

(Um Guia Para Iniciantes Para Descobrir O Poder Da Meditação)

Miron Duda

Traduzido por Daniel Heath

Miron Duda

Meditação: Como Alcançar A Paz Interior E Encontrar A Felicidade Real (Um Guia Para Iniciantes Para Descobrir O Poder Da Meditação)

ISBN 978-1-989837-49-8

Termos e Condições

De modo nenhum é permitido reproduzir, duplicar ou até mesmo transmitir qualquer parte deste documento em meios eletrônicos ou impressos. A gravação desta publicação é estritamente proibida e qualquer armazenamento deste documento não é permitido, a menos que haja permissão por escrito do editor. Todos os direitos são reservados.
As informações fornecidas neste documento são declaradas verdadeiras e consistentes, na medida em que qualquer responsabilidade, em termos de desatenção ou de outra forma, por qualquer uso ou abuso de quaisquer políticas, processos ou instruções contidas, é de responsabilidade exclusiva e pessoal do leitor destinatário. Sob nenhuma circunstância qualquer, responsabilidade legal ou culpa será imposta ao editor por qualquer reparação, dano ou perda monetária devida às informações aqui contidas, direta ou indiretamente. Os respectivos autores são proprietários de

todos os direitos autorais não detidos pelo editor.

Aviso Legal:

Este livro é protegido por direitos autorais. Ele é designado exclusivamente para uso pessoal. Você não pode alterar, distribuir, vender, usar, citar ou parafrasear qualquer parte ou o conteúdo deste ebook sem o consentimento do autor ou proprietário dos direitos autorais. Ações legais poderão ser tomadas caso isso seja violado.

Termos de Responsabilidade:

Observe também que as informações contidas neste documento são apenas para fins educacionais e de entretenimento. Todo esforço foi feito para fornecer informações completas precisas, atualizadas e confiáveis. Nenhuma garantia de qualquer tipo é expressa ou mesmo implícita. Os leitores reconhecem que o autor não está envolvido na prestação de aconselhamento jurídico, financeiro, médico ou profissional.

Ao ler este documento, o leitor concorda que sob nenhuma circunstância somos responsáveis por quaisquer perdas, diretas ou indiretas, que venham a ocorrer como resultado do uso de informações contidas neste documento, incluindo, mas não limitado a, erros, omissões, ou imprecisões.

Índice

Parte 1 1

Introdução 2

Capítulo 1 7

OS BENEFÍCIOS 8

Capítulo 2 11

PRATICA DE MEDITAÇÃO – O BÁSICO 11
SE PREPARANDO PARA A MEDITAÇÃO... 11
Quais São Os Equipamentos Necessários? 11
O Que Devo Usar? 12
Qual É O Tempo Certo De Duração Para Um Iniciante? 12
Quando Eu Sei Que Devo Encerrar Uma Meditação? 13
Onde Eu Devo Meditar? 14
Quando Devo Meditar? 15
Como Eu Me Posiciono Para Meditar? 15
Sentado No Chão 15
Sentado Em Uma Cadeira: 16
Deitado: 17

Capítulo 3 18

EXERCÍCIOS DE RESPIRAÇÃO FOCADA *(MINDFUL BREATHING)* 18

Capítulo 4 22

MEDITAÇÃO METTA*(LOVING-KINDNESS MEDITATION)* 22

Capítulo 5 28

MEDITAÇÃO DE ESCANEAMENTO CORPORAL *(BODY SCAN)* 28

Capítulo 6 36

MEDITAÇÃO CAMINHADA *(WALKING MEDITATION)* 36
A PRÁTICA 37

Capítulo 7 41

VARIAÇÕES DA MEDITAÇÃO 41

Meditação No Banho (Shower Meditation)........................ 41

Respiração Mindful Par Emergências................................ 42

Conclusão 44

Parte 2 45

Introdução 46

Capítulo 1 -O Que É Mindfulness ?..................................... 49

Capítulo 2–A Importância De Viver O Momento Presente 60

Capítulo 3 -Por Que Praticar Mindfulness?...................... 64

Capítulo 4–Como Praticar Mindfulness............................. 69

Capítulo 5 - Técnicas Para Praticar Mindfulness 80

Capítulo 6–Como O Mindfulness É Importante Para O Seu Desenvolvimento Pessoal... 90

Capítulo 7 –Como O Mindfulness É Importante Em Suas Relações 95

Capítulo 8 - Como O Mindfulness É Importante No Seu Trabalho E Negócios.. 101

Capítulo 9 –Como O Mindfulness É Importante No Seu Dia A Dia 105

Conclusão 107

Parabéns Por Finalizar O Livro! 107

Parte 1

Introdução

A meditação existe há cerca de milhares de anos. Na verdade, acredita-se que tenha existido antes da história escrita, e foi originalmente associada, de uma forma ou outra, com crenças religiosas ou estruturas orientais. Embora haja várias tradições o que é comum sobre todos os tipos de meditação é o fato de que elas envolvem o meditador, que observa sua própria atividade mental e focasua atenção nela. Durante a compreensão do ato de meditar,há ainda muito que aprender sobre como o meditador é transformado individualmente e coletivamente.

Atualmente, no século 21, a meditação pode ser encontrada em todo lugar. Desde o início de 1980 o número de busca por publicações sobre meditação aumentou em 300 vezes. Sim, TREZENTAS vezes! Isso nos dá uma indicação do nível de interesse e entusiasmo sobre essa busca desde aquele tempo.

Eu me interessei por essa prática muito recentemente, como um resultado de eventos que ocorreram em minha própria vida. Minhas relações estavam desabando, meu emprego estava incerto, e eu, como muito outros, tive umahipoteca para pagar,além de uma família para dar apoio. Eu senti como se estivesse fazendo malabarismo com cem bolas ao invés de três, e eu estava estressada, seriamente estressada. Uma colega de trabalho estava falando sobre meditação e enalteceu a prática com muito entusiasmo, pois ela estava estressada e a meditação foi lhe recomendada pelo psicólogo.

Então iniciei minha jornada. Isso estimulou minha curiosidade, já que sempre me interessei por buscar a junção do corpo e da mente, mais especificamente yoga e artes marciais. Eu tenho praticado uma ou ambas dessas buscas por anos, e elas sempre me trouxeram um sentimento de bem-estar que não pude encontrarem nenhum outro lugar.Imagino se a meditação poderia ser algo em que eu poderia me evolver completamente e sentir o mesmo sentimento de bem-estar, então eu decidi dar uma chance.

Minha vida mudou para melhor, de forma tangível e intangível. Eu comecei minha pratica com dez minutos por dia, e agora pratico por vinte, e tem vezes onde permaneçototalmente focada em minha mente e com isso recarrego meu foco e minhas emoções. Na maior parte do tempo eu uso as técnicas descritas neste livro, variando-as para deixar as coisas interessantes. Como resultado eu sinto como se fosse mais gentil e paciente com as pessoas (e isso inclui pessoas que eu não conheço),eu reconheço minhas emoções e agora as observo sem permitir que me sobrecarreguem. Isso significa dar a mim mesmo um pouco de tempo e espaço para considerar como eu deveria reagir às coisas ao meu redor, ao invés de agir sem pensar e considerar dizer algo que me arrependeria depois. Agora eu também tenho uma relação melhor comigo mesma. No meu local de trabalho isso é algo precioso e os benefícios se multiplicariam se cada empregado tivesse o hábito de meditar. Em um nível pessoal, isso significa que estou mais sensível para as necessidades em torno de mim, pois eu tenho um forte senso de minhas próprias necessidades e de mim mesmo. Isso também me permitiu desenvolver um profundo senso de gratidão e apreciação para as pessoas e mundo em torno de mim, e me lembrar de aceitar circunstancias e pessoas como devem ser. Acima de tudo, eu me sinto mais experiente.

Este livro, *Meditação – Um Guia Completo Para Iniciantes: Como Despertar Sua Mente Com Técnicas que Aliviam o Estresse, Administra a Raiva e Encontrar Paz Interior e Felicidade* é um excelente ponto de partida para um iniciante na pratica de meditação.É um livro simples, que fornece um guia prático que você precisa para começar sua jornada na meditação, apresentando o básico dos quatro tipos de meditação: respiração focada*(mindful breathing)*, meditação metta *(loving kindness)*, escaneamento corporal *(body scanning)* e andando*(walking)*.Você pode fazer todas estas no conforto de sua própria casa, sem gastar com equipamentos ou cursos.

Se a meditação pode mudar minha vida e melhorar minhas relações pessoais, eu tenho certeza que pode mudar a de qualquer um que se comprometa a pratica diária. Minha esperança é que este seja o início de sua jornada para a paz interior, felicidade e que a meditação se torne sua melhor amiga, que possa inspirar outras pessoas em sua vida, assim como inspirou na minha.

Capítulo 1

Em um mundo onde nos encontramos em um ciclo constante de ocupações, e com o rápido desenvolvimento tecnológico, tais como smartphones, tablets, redes sociais e outras tecnologias, sem mencionar os trabalhos altamente estressantes de carga horária mais longa do que nunca, nós nos vemos constantemente online e instantaneamente conectados, é difícil encontrar uma tomada que você possa desligar e mantê-la assim.Parece que a demanda e andamento de tudo é tão frenético, é impossível manter um senso de quem realmente somos, o que sentimos, e o que é importante. Tecnologia é algo realmente incrível, mas ela não compensa muito se nos leva para um lugar de estresse onde não podemos tomar conta de nós mesmo, especialmente de nossas mentes. Entretanto existe uma forma para obterde volta algum equilíbrio, contemple a meditação! Como que algo tão antigo é tão relevante até mesmo no mundo corrido de hoje?

Os Benefícios

Os benefícios da meditação são muitos e variados, e há uma infinidade de estudos científicos e literários para comprovar isso. Para uma visão geral, aqui está uma pequena lista de algum deles:

Meditação:

- Baixa pressão sanguínea / desacelera o sistema cardiovascular (frequência cardíaca e respiração);
- Relaxa o sistema nervoso, facilitando assim o controle da Reação de Lutar ou Fugir;
- Reduz a intensidade de enxaquecas / dores de cabeça;
- Reduz a dúvida de si mesmo e pensamentos negativos;
- Reduz ansiedade: quando meditamos o cérebro muda fisicamente, resultado em um aumento da paz mental;
- Aumento o otimismo, autoestima, confiança e motivação;

- Ajuda a balancear funções do sistema digestivo, incluindo absorção de nutrientes;
- Relaxa os músculos;
- Alivia insônia;
- Reduz o medo;
- Ajuda a lidar com a depressão;
- Ajuda a normalizar o estresse hormonal;
- Amplia a habilidade de solução de problemas;
- Estimula a criatividade: meditação liberta sua mente para gerar novas ideias;
- Aumenta o foco: quando estamos treinando nossa mente para concentrar na respiração durante as sessões de meditação, isso aprimora a habilidade de sustentar a atenção e a transfere para outras atividades;
- Melhora a imunidade;
- Melhora as relações: na meditação nos tornamos mais acolhedores com nós mesmos, e isso nos faz mais acolhedores com outras pessoas, as aceitando da forma como são;

- Aumenta a regulação emocional: isso nos fornece oportunidades para fazer melhores escolhas ao responder a situações estressantes;
- Ajuda a processar um trauma: a meditação auxilia a processar emoções difíceis, nos permitindo sentar com eles e enxerga-los como são, sem julgar ou expulsa-los;
- Ensina que estados emocionais e pensamentos não são permanentes, e que a meditação pode afeta-los;

Estes são apenas alguns dos benefícios da meditação, e se isso não é o bastante para te deixar entusiasmado e inspirado para experimentar, então eu não sei o que é!

Capítulo 2

"A paz vem de dentro. Não a busque fora".

-Buddha-

Pratica de Meditação – o Básico

Abaixo está um número de práticas necessárias para você meditar. Embora as técnicas nos capítulos a seguir difiram um pouco, a preparação fundamental das praticas é a mesma. (a menos que você esteja fazendo a *walking meditation*, que é completamente diferente!).

Se preparando para a Meditação

Quais são os equipamentos necessários?

Você não precisa de nenhum equipamento caro para iniciar a experiência da meditação. Você talvez precise comprar um tatame, mas isso não é uma necessidade. Tudo o que você precisa é uma mente aberta e não criar expectativas sobre o resultado de sua prática. Sequer é necessário ser um monge budista!

O que devo usar?
O melhor é usar algo confortável, roupas leves.

Qual é o tempo certo de duração para um iniciante?
A um iniciante recomenda-seuma prática de 10 minutos. Isso dará a você o sentimento de pratica, e, querendo ou não, isso é um fato para você. Uma vez que você tenha treinado sua mente por 10 minutos regularmente, dentro de um mês começará a se desafiar a aumentar a duração da prática. Você pode aumentar em 5 minutos por vez, 10 ou mais caso esteja confortável. É você quem decide. Treinar a mente é como trainar o corpo na academia. Uma vez que você se fortalece fazendo um exercício com certo peso, é hora de desafiar os músculos para o próximo nível, podendo ser feito aumentando o peso, ou mudando levemente o grupo muscular. O mesmo vale para a meditação.

Quando eu sei que devo encerrar uma meditação?
Você vai precisar configurar um alarme ou um timer para dizer a você quando parar a prática. Isso irá lhe permitir estar presente apenas na meditação sem se preocupar com o tempo.

Onde eu devo meditar?

É aconselhável encontrar um lugar quieto para realizar a prática: podendo ser um lugar especial na sua casa, onde você pode posicionar uma cadeira ou uma almofada. Eu geralmente acendo algumas velas no quarto também, mas novamente, é você quem decide. Você pode também apenas deitar na sua cama se preferir, mas existe sempre o perigo de acabar dormindo se você escolher essa opção. Não tem problema se você acabar dormindo, se o sono for o que você está tentando alcançar! Como alternativa você pode praticar fora de casa, encontre um local apropriado no seu jardim, se você tiver um, sente em um banco ou sob uma arvore,isso é maravilhoso no calor, quando o tempo está quente, e você pode absorver todos os elementos da natureza, aproveitando uma brisa enquanto repousa sob a sombra de uma arvore. Obviamente você precisa considerar sua segurança se você escolher essa opção.

Quando devo meditar?
Muitas pessoas sugerem meditar antes de qualquer coisa no seu dia. Se você consegue acordar cedo o suficiente para fazer isso primeiro, provavelmente é uma grande ideia. Dessa forma, você irá começar o dia com uma mente clara, focada, relaxada e de atitudes solidárias. Entretanto caso isso não seja possível, realmente não importa quando você medite, desde que você comprometa-se a prática diária. Obviamente se você não consegue dormir, uma meditação de respiração focada *(mindful breathing meditation)* te ajudará nisso.

Como eu me posiciono para meditar?
Há diversas posições que você pode utilizar para meditar, e isso é questão de preferência pessoal. Você deve provavelmente testar todas elas e ver qual você prefere.

Sentado no chão
Se você escolher meditar sentado no chão:
- Site com as pernas cruzadas em seu ísquios *(sit bones)*, em uma almofada

com suas costas retas e relaxadas. Não deve ficar rígido;
- Para máximo conforto, tente posicionar seus quadris mais alto que os joelhos, e aponte seus joelhos para o chão, você talvez queira usar uma toalha enrolada para ajudar com isso;
- Erga o queixo levemente e incline sua cabeça para frente gentilmente;
- Junte uma mão na outra, e as descanse sobre as suas panturrilhas;

Sentado em uma cadeira:

Se você escolher meditar em uma cadeira:
- Sente com os pés plantados firmemente sobre o chão, com suas costas retas e relaxadas, então incline-se para frente vagarosamente;
- Descanse suas mãos gentilmente sobre suas pernas;
- Incline a cabeça para frente gentilmente;

Deitado:
Se você escolher meditar deitado no chão:
- Deite de costas para o chão e com suas pernas abertas, permita que seu pé caia para os lados;
- Posicione suas mãos cada uma de um lado, com a palma virada para cima e permita que os dedos dobrem naturalmente;

Capítulo 3

"Respire profundamente para trazer sua mente de volta para seu corpo."
-Thich Nhat Hanh-

Exercícios de Respiração Focada *(Mindful breathing)*

Essa técnica de meditação nos permite treinar a mente para focar conscientemente e essa é a técnica com qual a maioria das pessoas está mais familiarizada. Este foco é caracterizado por um sereno e curioso despertar de experiência contínua, onde a mente foca na respiração, aceitando sem julgamento.

Essa pratica pode ser realizada mesmo na posição deitada ou sentada. Se você está sentado em uma cadeira, verifique se seus pés estão firmes no chão e suas costas estão retas, porém relaxadas, mas não rígidas, e suas mãos repousando confortavelmente sobre suas pernas. Configure seu alarme ou timer como requisitado.

Comece realizando algumas respirações profundas, inspirando pelo nariz e

expirando pela boca. Esteja atento ao movimento do seu abdômen ao se mover para cima e para baixo, ou sentindo o ar através de suas narinas. Isso irá permitir que você se sinta presente. Repita este procedimento de 5 a 10 respirações. Na expiração da décima respiração, gentilmente fecha seus olhos.
Se atente agora a sensação do seu corpo. Gentilmente realize um escaneamento do seu corpo, começando do topo da sua cabeça, sentindo as sensações e notando qualquer tensão, sentimentos de calor ou frio, peso ou leveza que esteja carregando em seu corpo. Continue até que tenha alcançado a ponta de seus dedos do pé.

Agora atente-se às suas emoções. Como está se sentindo? Apenas observe estes sentimentos sem fazer nenhum julgamento de como eles são. Nesse ponto é uma boa ideia definir sua intenção para as práticas. Você pode querer desenvolver mais paciência, compaixão ou gentileza, então isso reforçará suas relações.

Agora retome o seu foco a respiração. Sinta seu abdômen subir e descer, mas não pense, analise ou se dedique a isso, apenas sinta, e perceba a diferença de cada respiração. Siga o ritmo gentilmente com atenção: entrando e saindo, subindo e descendo. Deixe pensamentos, emoções, sensações do corpo e sons serem como são, você não precisa seguir eles, deixe-os lá fora, sem julga-los. Apenas permita que eles ocorram, venham e vão, sem interferência, enquanto você direciona sua atenção gentilmente a sua respiração.

Quando você perceber que sua mente está vagando, o que é inevitável, tenha consciência de que isso ocorreu. Lembre-se, o quão breve você está atento ao ocorrido, mais facilmente você terá a escolha de como responder a isso. Você pode trazer sua atenção novamente para a respiração, e continuar seguindo-a, dentro e fora, momento por momento, com um interesse amigável e curioso. Se você preferir, você pode contar as respirações, 1 quando você inspira, 2 quando expira, 3 na próxima inspiração, 4 na próxima expiração e assim por diante, até alcançar 10. Então você pode começar recomeçar a contagem.

Continue fazendo isso até o alarme soar. Descanse momentaneamente e aprecie como seu corpo e mente estão se sentindo como resultado de seu tempo de meditação. Tente carregar estes sentimentos para o restante do seu dia.

Capítulo 4

"Ontem eu era esperto, então quis mudar o mundo. Hoje eu sou sábio e quero mudar a mim mesmo."
-Rumi-

Meditação Metta*(Loving-Kindness Meditation)*

A meditação Metta é conhecida como meditação da atenção focada ou da concentração. É quando direcionamos nossa atenção para palavras ou frases repetidas. Neste caso nós iremos repetir várias frases.

Elas servem para destacar que como humanos todos nós sofremos. Nosso sofrimento é comum para a condição humana, sendo assim ninguém é imune a ele. Essa técnica de meditação nos permite enviar amor e gentileza para todos em nosso circulo e além, e para termos compaixão por nós mesmos e todos com quem temos contato.

Você pode dedicar esta prática para si mesmo, pessoas que você ama, pessoas que você não conhece tão bem. Isso pode então ser ampliado para pessoas que vivem na mesma cidade, estado e país que você. Isso também pode se estender para animais, criaturas vivas e todo o planeta. Isso reforça nosso sentimento de conexão social e nos faz pensar além de nós mesmos, cultivando assim compaixão e empatia, reduzindo preconceito para com os outros, vencendo o crítico interno e reduzindo o envelhecimento!

1. Prepare sua meditação seguindo as instruções no capítulo 2. Configure seu alarme como requisitado e prepare suas intenções com gentilezas.
2. Tome respirações profundas, inspire para nariz e expire pela boca, para liberar qualquer tensão de sua experiência. Esteja alerta ao seu abdômen se movendo para cima e para baixo, ou sinta o ar através de suas narinas. Isso irá permitir que você se sinta presente. Perceba onde você sente a respiração mais pesada assim que ela entra e deixa seu corpo.
3. Deixe que sua respiração volte ao normal, mas continue concentrado

nela, permitindo assim que se sinta calma. Lembre-se de alguém que seja, ou foi, extremamente importante para você, pode ser um pet, um avô, um bom amigo, um mentor ou qualquer um que esteja relacionado com você. Imagine que essa pessoa está sentada de frente para você. Repita as seguintes frases em sua cabeça, devagar e com carinho:
- Você pode ser calmo.
- Você pode estar seguro.
- Você pode ser saudável.
- Você pode viver bem.
4. Sinta a intenção por trás de cada uma dessas frases enquanto as repete para si mesmo. Experimente o sentimento de carinho, boa vontade e gentileza para com essa pessoa. Repita este ciclo diversas vezes. Se, durante esse tempo, sua mente se dispersar, aceite isso com bondade e gentilmente retorne sua atenção para a respiração, então comece novamente.
5. Agora inclua a si mesmo na presença dessa pessoa, imagine que você está

sentado em frente a ela, então repita as seguintes frases diversas vezes:
- Nós podemos estar seguros.
- Nós podemos ser calmos.
- Nós podemos ser saudáveis.
- Nós podemos viver bem.

6. Agora traga a atenção para si mesmo. Lembre-se de que você também é intitulado com gentileza, interesse e amor. Repita as seguintes frases diversas vezes:
- Eu posso estar seguro.
- Eu posso ser calmo.
- Eu posso ser saudável.
- Eu posso viver bem.

   Presencie o calor e a intenção que estes sentimentos lhe trazem.

7. Agora imagine um conhecido ou um colega que você não conhece muito bem. Esteja ciente que você não sabe sua história, ele também sofre, assim como você, assim como o resto da humanidade. Repita as seguintes frases:
- Você pode estar seguro.
- Você pode ser calmo.

- Você pode ser saudável.
- Você pode viver bem.
8. Novamente, sinta a intenção por trás de cada uma dessas frases enquanto as repete para si mesmo. Repita este ciclo de 4 a 5 vezes. Lembre-se de trazer sua atenção de volta para a respiração caso sua mente se disperse.

Você pode então estender o pensamento para sua família, seus vizinhos, seu país, todas as criaturas vivas ou até mesmo todo o universo. Repita as seguintes frases em sua cabeça:

- Podemos todos viver de forma pacifica e harmoniosa.
- Podemos todos viver de forma segura.
- Podemos todos ser saudáveis.
- Podemos todos ser gentis com o próximo.
- Podemos todos viver bem.

9. Continue assim até o alarme ou timer soar. Uma vez que você tiver finalizado, permita a si mesmo sentir esse sentimento de benevolência e gentileza em seu corpo. Quando estiver pronto, gentilmente abra seus olhos e tente

carregar estes sentimentos de gentileza, compaixão e benevolência através de seu dia.

Capítulo 5

"Quão mais silencioso se tornar, mais poderá ouvir."
-Ram Dass-

Meditação de Escaneamento Corporal (Body Scan)

O foco da meditação de escaneamento corporal é se tornar consciente das sensações que você sente enquanto elas ocorrem em diferentes partes do seu corpo. O objetivo não é necessariamente para se sentir relaxado ou calmo, isso pode ou não ocorrer, e sim encontrar vínculos entre as sensações físicas e emocionais demonstrando como você pode usar as sensações físicas como uma chave para seu estado emocional. Existe um largo alcance da sensação física que você pode experimentar, incluindo desconforto, dor, coceira, cócegas, peso, leveza, calor, frio, pressão, pressão etc. Essas sensações físicas podem ser acompanhadas por pensamentos ou emoções, que podem ser definidos em três sentimentos básicos, sendo eles: neutral, agradável ou desagradável.

1. Prepare-se para sua meditação como nas instruções acima. Defina um alarme e prepare sua intenção de se sentir presente.
2. Inspire profundamente pelo nariz e expire pela boca, para liberar qualquer tensão do seu corpo. Esteja consciente do movimento do seu abdômen, para cima e para baixo, ou sinta o ar entrado por suas narinas. Isso lhe permitirá se sentir presente e focado. Perceba onde você sente a respiração mais forte assim que ela entra e sai do seu corpo.
3. Deixe sua respiração retornar ao ciclo natural, mas continue com foco nela, permitindo se acalmar. Lembre-se, não julgue nada, seja amigável e curioso. Seja completamente presente neste momento, permitindo a si mesmo se sentir presente.
4. Se sua mente vagar para o passado, ou entre sentimentos e pensamentos, gentilmente retorne a atenção novamente para a respiração. Quando

você estiver pronto, se foque na respiração de seu abdômen então altere o foco para sua perna esquerda para o dedão do pé. Perceba se você sente algo, formigamento, pulsação, coceira, dor, ou até mesmo nenhuma sensação sequer. Guie sua atenção para os outros dedos do pé esquerdo, esteja atento a cada dedo, até mesmo o espaço entre eles. Agora mude sua atenção para a sola do pé, o peito do pé e calcanhar. Direcione sua atenção para o topo do pé, examine as sensações com curiosidade.

5. Mova a atenção para a parte inferior da perna, abaixo dos joelhos, primeiramente se foque na canela, então na panturrilha. Esteja atento a tudo, pele, tecido muscular e ossos. Se sua mente vagar, gentilmente retome a atenção.

6. Agora se atente ao joelho, que nos move de um lado para o outro. Reconheça a importância do joelho, seja grato por todo o trabalho que ele tem por nós.

7. Guie sua atenção para a coxa esquerda, sinta e explore quais sensações podem ser descobertas nessa parte do seu corpo.
8. Mova sua atenção agora para os quadris, então desça a atenção até o dedão do pé direito. Então mude sua atenção para os outros dedos, e se atente ao contato que seu pé faz com a superfície. Qual é a sensação? Se foque no tornozelo, detecte se há ou não alguma sensação ou emoção.
9. Traga sua atenção para a parte de baixo da perna, abaixo do joelho, se atenta à panturrilha e canela. Há alguma sensação de roupa tocando nessas partes do corpo?
10. Mova a atenção agora para o joelho direito, na parte de trás do joelho, os lados, note o que você sente ali. Se atente a sua mente, você está se distraindo com algum sentimento ou pensamento? Se sim, então se foque novamente em seu joelho direito.
11. Mova sua atenção agora para sua coxa direita, observe a sensação com

gentileza e curiosidade. Gentilmente traga a atenção para seus quadris.

12. Agora mova sua atenção para a região lombar. Você sente alguma tensão? Na expiração, se você conseguir, tente liberar essa tensão. Caso não seja possível, apenas permita que essa sensação fique como está, sem julga-la.
13. Agora se atente a parte média e superior das costas, há alguma tensão ali?
14. Foque-se na parte de frente do seu corpo, e então em seu abdômen, onde a digestão ocorre. É um lugar que nós geralmente carregamos tensão emocional.
15. Agora mude sua atenção para seu peitoral, para os pulmões e caixa torácica, os pulmões que oxigenam nossos corpos. Note-o com curiosidade, gentileza e gratidão. Foque-se no coração batendo em seu peito, nos mantendo vivos a cada momento de nossas vidas, a sede de nossas emoções. Reconheça que algumas partes do corpo mantememoções e as

permitem ir e vir, assim como nuvens no céu azul. Não as julgue ou analise.

16. Mova a atenção para seus ombros, onde muitos de nós carregamos tensões, de uma vida sentada a frente ao computador. Sinta o que está aqui, nesse momento. Na expiração, liberte qualquer tensão que você encontrar, se você encontrar alguma. Se não conseguir, apenas permita essa sensação ser como ela é.

17. Agora, se atente a sua mão esquerda, sinta os dedos e pulso. Mova a atenção até o antebraço e cotovelo, então na parte superior do braço. O que você está sentindo? Perceba essas sensações com gentileza e curiosidade. Se atente ao braço direito, sinta a mão, pulso, antebraço e cotovelo, então segure a atenção na parte superior do braço.

18. Foque mais acima, no pescoço, que também pode conter tensões, note se está com alguma tensão ali, então traga sua atenção para o maxilar. Perceba qualquer cerramento ou aperto e deixe-o ir com uma expiração

profunda. Caso não consiga se livrar dessa sensação, deixe a permanecer como é. Atente-se ao queixo, a boca e dentes, língua e lábios.

19. Agora mude sua atenção para o nariz, olhos, bochechas, orelhas, ouvindo o que está ali para ser ouvido no presente momento. Mova a atenção para a cabeça, os lados, a parte de trás, note que aí é a casa do cérebro, o cérebro sente tudo para você. Perceba isso com gentileza e gratidão para com o trabalho que ele realiza por nós.

20. Finalmente expanda sua atenção para o topo da cabeça aos pés, inspirando e expirando, seja grato pelo seu corpo neste momento. Descanse em conhecimento de seu corpo como um todo.

21. Continue com a prática até o alarme ou timer soar. Agora comece a mexer os dedos dos pés e mãos e traga sua atenção de volta ao espaço em torno de si.

Agora você pode ser mais consciente de onde você carrega tensões e emoções em seu corpo.

Capítulo 6

"Se você corrigir sua mente, o resto de sua vida se encaixará."
-Lao Tzu-

Meditação caminhada *(Walking Meditation)*

Você não precisa estar sentado ou deitado para meditar. Também é possível se mover e meditar simultaneamente. A *walking meditation* é uma atividade na qual você pode se focar, concentrar sua mente, desenvolver conhecimento investigativo e conhecimento. Isso complementa sua pratica de meditação quando sentado e seus benefícios incluem:

- Desenvolver resistência e preparo físico;
- Indicado para aqueles que acham a meditação sentada tranquila demais;
- Reforça o consciente e estado de alerta;
- Melhora a digestão;
- Melhora a concentração. A concentração que é construída durante a *walking meditation* é sustentada por um longo período depois de encerrada.

A Prática
1. Encontre um local adequado, que seja calmo, com poucas distrações, e levemente fechado. Isso irá ajudar a trazer para a sua mente para seu interior e além de si mesmo. O caminho original que Buda percorreu ainda existe hoje em dia e fica apenas a 17 passos de distância. Para os iniciantes, um caminho de 15 passos é uma boa caminhada.
2. Prepare seu corpo e mente. Fique em uma extremidade de seu caminho, em pé. Posicione sua mão direita para cima da esquerda em frente a você. Isso irá ajudar a focar a mente no fato de que isso é uma *walking meditation*, não apenas um passeio.
3. Permaneça parado e traga sua atenção para seu corpo. Feche seus olhos por um momento, e esteja alerta ao peso ser transferido para as solas de seus pés e sinto a Terra. Traga sua atenção para todos os movimentos que nos fazem balançar e ficar em pé.
4. Decida a direção da caminhada.

5. Esteja alerta a sua postura de caminhada. Posicione toda sua atenção para as solas de seus pés, Como um pé é levantado e desce em contato com o caminho, um novo sentimento surge. Traga sua atenção para essa sensação, como é sentir isso na sola de seu pé. Quando o outro pé sai então e entra em contato com o chão novamente, perceba esse novo sentimento. Repita isso a cada passo até a duração da *walking meditation*. Assim que você percebe isso, não se apegue, julgue ou livre deste sentimento. Se você perceber qualquer coisa no mundo afora que lhe distraia, simplesmente deixe-a ir.
6. Esteja completamente atento às sensações que o contato com o solo produz, mesmo que seja dor, calor ou qualquer outra sensação. Estas sensações mudarão constantemente e provavelmente surgirão outras no decorrer na sua caminhada. Perceba também as sensações na parte inferior de suas pernas, nos músculos da canela

e panturrilha. Você pode também perceber sua pele e o contato dela com suas roupas.
7. Então perceba as sensações na parte superior das pernas. Note as sensações nos seus joelhos e coxas.
8. Você precisará encontrar seu próprio ritmo de caminhada. A princípio, você provavelmente deverá andar bem devagar até que consiga permanecer no presente momento de cada passo. Em intervalos regulares durante sua caminhada pergunte a si mesmo "Onde está minha mente?", "Ela está calma?", "Ela está limpa ou bagunçada?". Se sua atenção estiver em qualquer outro lugar, gentilmente traga-a de volta para a sensação dos seus pés e continue a caminhar.
9. Note também seu estado emocional. Você está entediado, contente, irritado ou feliz? Novamente, reconheça essas emoções, sem julga-las, apenas as deixe ir.
10. Perceba o balanço entre sua experiência com os ambientes interno

e externo. Se você pode estar atento em ambos igualmente então sua mente deve estabelecer-se em um ponto de tranquilidade e claridade.

11. Ao chegar ao fim do caminho, dê meia volta de vagar e cheque sua mente. Onde ela está? Está focada na sola de seus pés ou sua atenção está voltada para algum outro lugar qualquer? Redirecione sua atenção novamente para a sola de seus pés e novamente recomece a caminhar.

12. Perceba quando você está no meio do caminho e diga a si mesmo, "Estou no meio do caminho". Se sua atenção se perdeu, gentilmente a traga de volta param a sensação que seus passos produzem, repita o procedimento sempre que sua mente se dispersar.

13. Continue até chegar ao fim de sua meditação, ou até seu timer soar. Traga sua atenção para si mesmo quando estiver descansando. Perceba o peso alterando entre vários pontos de seus pés.

Capítulo 7

"A primeira causa da infelicidade nunca é a situação, mas seus pensamentos sobre ela."
-Eckhart Tolle-

Variações da Meditação

Meditação no Banho (Shower Meditation)

Essa meditação é uma variação da técnica de respiração mindful, mas junta de alguns detalhes. Assim que você estiver tomando banho, traga seu foco para a água quente que acaricia seu corpo, então a aproveite. Dê a si mesmo um tempo para apreciar isso. Então respire profundamente, inalando pelo nariz e exalando através da boca. Repita este procedimento várias vezes então permita que sua respiração retorne ao natural.

Agora, continue focando em sua respiração durante o banho. Cada vez que você exalar visualize a si mesmo limpando para longe suas emoções negativas. Continue a se concentrar na sensação da água em sua ele. Você pode escolher "limpar" um único sentimento, como o estresse por exemplo. Outros sentimentos que você pode limpar para fora também são ansiedade, tristeza, arrependimentos, medo, frustração e raiva. Visualize todos esses sentimentos negativos descendo para ralo e para fora de sua vida. Você irá começar a se sentir mais leve e limpo pelo restante do dia.

Respiração Mindful par Emergências
Ocasionalmente nós podemos experimentar algo em nossa vida diária que nos faça sentir esmagados, talvez uma apresentação ou uma reunião no trabalho não vai como panejado, talvez há uma criança que está se comportando mal e te faz se sentir extremamente estressado. Isso é completamente natural para nós, afinal somos seres humanos, não somos perfeitos. Quando isso acontecer podemos escolher permitir isso ou podemos tentar uma mudança com um exercício de respiração mindful de emergência.

Procure um local silencioso, mesmo que seja uma sala de estar, no trabalho, no parte ou até mesmo no banheiro! Sente-se, preste atenção no encontro de seus pés com o chão. Certifique-se de que suas costas estão retas, porém relaxadas, e curve-se um pouco para frente. Repouse suas mãos gentilmente sobre suas pernas. Então comece uma respiração profunda, inspire pelo nariz e expire pela boca. Perceba seu abdômen subindo e descendo, você pode até mesmo colocar suas mãos gentilmente sobre sua barriga se preferir. Faça isso algumas vezes mais, então comece a contar as respirações. Conte 1 para inalar, 2 para exalar, 3 para a próxima inalação e assim por diante. Conte até 10, então comece sua contagem novamente. Após a primeira sequencia de 10, você deverá notar que seu corpo começou a ficar mais leve e relaxar. Repita essas sequências de 10 respirações por mais 4 ou 5 vezes, dependendo de como você está se sentindo. Ao terminar você deve sentir mais calmo e estar pronto para encarar o mundo novamente.

Conclusão

Eu espero que no momento você tenha tentado pelo menos algumas das técnicas básicas de meditação contidas neste livro. Os benefícios serão sutis de inicio, mas com o tempo você irá se encontrar reagindo ao estresse de uma forma diferente, de uma forma positiva. Quando mais você persistir nos exercícios mais você poderá notar que se trata de uma mudança de vida e que você criará gosto pela prática.

A prática da meditação sempre foi um prazer diário para mim, um refúgio em minha mente e corpo, uma experiência de estar em meu lar. Eu lhe encorajo a trazer isso para si mesmo, para seus amigos e familiares. Cada pessoa em seu circulo de relacionamento será grata a você por isso, se eles reconhecerem as mudanças em você. Uma vez que eles veem o quão bem a meditação lhe fez, isso os encorajará a fazer o mesmo, o mundo precisa de paz e estabilidade. Este é uma forma, um pequeno passo que cada um de nós pode tomar, p

Parte 2

Introdução

Agradeço a você por baixar meu livro *Mindfulness para iniciantes: Como viver seus momentos, sem stress e preocupações em um estado constante de paz e felicidade.* Também parabenizo a sua disposição em aprender um pouco mais sobre a pratica mindfulness a fim de a incluir em seu dia a dia.

Com o livro Mindfulness para iniciantes você irá aprender como ficar atento *(trad. inglês mindful)*, como utilizar as técnicas mindfulness para obter uma mente calma e como praticar mindfulness todo dia com o intuito de estabelecer o controle da sua vida.

Aprender como ser atento e desenvolver regularmente a prática mindfulness pode ser desafiador a primeiro momento pois nossas "mentes de macaco" como os budistas falavam, pulando de galho em galho como um macaco balançando entre as árvores. Se nossas não estão presas em arrependimentos do passado, estão ocupadas temendo o futuro.

Praticar mindfulness todavia pode te fazer mais feliz, saudável e mais produtivo do que nunca visto. Este livro vai mostrar como domar sua mente macaco, para de se preocupar, deixar o stress e abraçar um modo de vida mais tranquilo.

Se você quer mudar sua vida, apenas pode fazer isso no momento presente por meio dos pensamentos que você escolhe pensar. Se você quer desenvolver o hábito de praticar mindfulness mesmo que apenas alguns minutos do seu dia, você pode usufruir de resultados maravilhosos em sua vida. *Mindfulnes para iniciantes* vai mostrar o caminho o qual você deve seguir para utilizar a pratica mindfulness para alcançar seu sucesso pessoal.

Mindfulness irá melhorar sua saúde física e mental, reduzir o stress, melhorar o seu foco e lucidez. Quando você está cansado, estressado e ansioso sua capacidade de aproveitar a vida é menor. Mindfulness é um elevado estado o qual o permite de crescer sobre suas circunstancias e experiências por meio de uma mente alegre. Quando você experiência a alegria, atrai saúde, finanças melhores, e outras maravilhosas situações em sua vida.

Você não foi feito para sentir-se preso, esgotado e infelizes. Obrigado por permitir que ajudasse você a sentir-se livre de si mesmo com a pratica mindfulness.

Capítulo 1 - O que é Mindfulness ?

"Mindfulness significa focar sua atenção de um modo particular: ressaltando, o momento presente e sem julga-los. É um tipo de atenção que nutre a maior consciência, clareza e aceitação da realidade presente. "
Dr. Jon Kabat-Zinn

História e definição do Mindfulness

O budismo referência o conceito de mindfulness cerca de 2500 anos atrás. A palavra "mindfulness" vem da língua Pali percentente aos indígenas do subcontinente Indiano.

A palavra mindfulness é a combinação das palavras Pali "Sati" e "Sampajana". Essas duas palavras quando colocadas juntas significam consciência, discernimento, vigilância e fixação.

As escolas linguísticas que estudaram esses termos tem definido mindfulness como relembrar-se a todo momento de ter uma consciência cuidadosa e perspicaz do está acontecendo na sua realidade.

Quando o contexto foi introduzido pela primeira vez na ciência ocidental pensava-se que o mindfulness tratava-se de uma prática meditativa que encorajava os seus praticantes a se conectarem com o sagrado e que era uma prática feita por um seleto número de pessoas.

Décadas depois quando estes mitos foram descartados pela ciência ocidental começou-se a entender o mindfulness como uma prática intrínseca ao aspecto humano da consciência. Isto é uma habilidade inerente de estar desperto a todo momento.

A definição mais comum de mildfulness utilizada no oriente foi feita pelo Dr. Jon Kabat-Zinn, um dos principais fundadores do campo mindfulness. A definição utilizada por ele é que o mindfulness é "estar atento a todo momento de um modo particular: focando no momento presente, e sem fazer julgamentos.

Mindfulness também pode ser compreendido como o contraste da palavra *mindlessness,* que em português significa distraído. A distração acontece quando atenção está ofuscada pelas preocupações do passado ou do futuro. A distração impede a atenção no momento presente dificultando assim de aproveitar o seu presente.

Ententendo o Mindfulness

Nós vivemos em um mundo ocupado. Homens e mulheres em todo os lugares acordam na madrugada correndo para o café da manhã, conversando em seus celulares, respondendo mensagens instantâneas e e-mails. As famílias estão presas 24 horas por dia, 7 dias por semana em correr para o trabalho, escola, atividades extra curriculares, reuniões, etc. Quando o dia finalmente termina, a maioria das pessoas fica em frente à televisão por algumas horas ou por muito tempo.

Os dias vem e vão é existe uma pressão em realizar uma lista de "tarefas" que por muitas vezes deixar os indivíduos sem tempo para conectar-se com o momento presente – perdendo assim momentos especiais que eles poderiam estar vivendo.

Viver no "piloto automático "é comum para a maioria das pessoas. Sem dúvidas eles estão vivendo mas eles não estão realmente vivendo cada momento. Isto é como um tipo de "sonambulismo". Eles estão sempre em movimento mas de alguma forma parecem estarem ausentes de suas próprias vidas.

No piloto automático o cérebro torna-se uma pletora de pensamentos que pulam de uma ideia inacabada para outra. Cada pensamento é rudemente interrompido por outros montes de questões, respostas, que argumentam com infinidades de fotos,ideias, desejos e memórias.

Mindfulness é um modo de reconectar-se com a própria vida. É uma forma de auto vigilância que proporciona distanciar-se de uma mente barulhenta e observar a atividade mental e os sentimentos que são gerados. É fazer possível a separação de si mesmo da constante atividade, da mente do "piloto automático".

A chave dos ingredientes do mindfulness
Liberta-se da atividade caótica na mente
Liberta-se para viver o momento presente

Liberta-se dos julgamentos
Liberta-se do apego
Liberdade da atividade caótica na mente
O mindfulness permite você a ser um "observador" de seus pensamentos e sentimos invés de uma vítima deles. O caos mental tem apenas a intenção de fazê-lo prisioneiro em círculo constante de loucura.

Quando você aprende como ser atento, você aprende como relaxar e agir como uma testemunha de sua vida anterior. Você aprende a ser livre dos efeitos negativos do caos mental e julgar a si mesmo, aos outros e ao mundo em geral.

Como você começa a ser o mestre da "observação" você começa a viver o momento e não ficar no piloto automático. E mais do que isto, você começa a experiência mais relaxamento, quietude e sentimento de liberdade.

Liberdade para viver o momento presente
Liberdade para viver o momento presente significa utilizar seu conhecimento para conscientizar-se de cada instante. Livre

para viver cada momento interrompe você de dividir seu conhecimento consciente entre o hoje e o ontem assim como o hoje e o amanhã.

O próprio Buda disse "O segredo para um corpo e mente saudável não é lamentar o passado, ou preocupar-se com o futuro, ou antecipar os problemas, mas viver o momento presente sabiamente e sinceramente.

Liberdade de julgamentos

Livrar-se de julgamento simplesmente significa que você não se apega ao que acontece no momento presente mas age como observador independente sem perturbar-se com suas preferências e preconceitos.

Opiniões, preferências e preconceitos são baseados nos critérios de nossas experiências passadas. Sendo assim estes são obsoletos e não aplicam-se ao revigoramento do momento presente.

Quando você está atento, conscientemente você fica alerta a cada momento. Invés de julgar as coisas como "boas" ou "más" você simplesmente as aceita sem julgamentos. Isto o permite que você fique livre a reagir a eventos e circunstancias ao seu entorno que estão além de seu controle.

Quando você vive no piloto automático, suas reações, pensamentos e sentimentos acontecem sem você ter falado sobre o assunto. Quando você está mais atento e consciente sobre o momento presente, você responde aos acontecimentos aceitando-os e abrindo-se.

Mindfulness permite a você escolher como reagir a situações e experiências da sua vida.

Se você escolhe julgar as situações, mesmo aprendendo com os ensinamentos mindfulness a não julgar, então seus julgamentos sobre as situações serão apenas inúteis e prejudicais a você.

Por exemplo, se o seu julgamento sobre um determinado evento te causa uma extrema raiva, tudo que o você tem que fazer é cessar toda esta raiva. De fato sua raiva é inútil. Isso não muda a situação muito menos causa algum benefício. Isso apenas prejudica seu corpo porque isso cria stress.

Buda disse "você não será punido por sua raiva;você será punido *pela* sua raiva."

Quando você escolhe lembrar de livrar-se do julgamento, você aceita as coisas como elas são. Você olha "o que é isso" e aceita como isto é.

Viver livre de julgamentos o permite de controlar seu estado mental em todos os momentos e em todas as situações.

Liberdade do apego

É fácil apegar-se as velhas visões e percepções errôneas que você adquire ao longo do tempo. Esse tipo de visão errônea força para o negativo, para opiniões e percepções inúteis sobre os eventos do momento presente.

O apego é relacionado ao julgamento porque é a opinião pessoal que você uma para determinar o que acontece no momento. Para viver no estado de atenção plena, é importante deixar as visões velhas e as percepções errôneas para lembrar de observar e aceitar as coisas como elas são sem opinião.

Os benefícios chaves do minfulness

O Mindfulness tem benefícios ilimitados como cruzar todos os domínios da existência.Os benefícios chaves do minfulness são:

Um alto nível de consciência

Permite a você experenciar ao máximo o momento presente

Permite a você distinguir o seu eu verdadeiro de seus pensamentos

Elimina o stress, tornando você um observador de seus pensamentos invés de ser constantemente envolvido por ele.

Ajuda a promover atitudes satisfatórias em sua vida

Permite a você conectar-se com a harmonia do seu eu, com a natureza humana e das outras espécies.

Permite desenvolver auto aceitação que produz o auto contentamento e compaixão

Desenvolve um forte engajamento em suas atividades diárias

Permite a você aproveitar a vida como ela é

Permite a você ser habilidoso com situações adversas
Aumenta sua concentração e foco
Permite a você a percepção de que a via é dinâmica e as coisas mudam. Portanto os pensamentos e sentimentos vem e vão.
Da liberdade para você experenciar a calma e a paz independente do que acontece ao seu redor.
Cria um balanço em suas emoções e reações e permite você a ser livre do caos emocional
Aumenta o seu poder de consciênciasobre seus hábitos e de seus pensamentos e sentimentos
Permite a você ver seus pensamentos como pensamentos e seus sentimentos como sentimentos. Isso previne a você ser tomado por eles
Isso torna possível a você fazer escolhas sábias invés de basear-se em seus estressantes pensamentos que são alimentados pela confusão.
Possibilita liberta-se das preocupações do futuro e dos arrependimentos do passado.

Permite a você manter relações de sucesso porque você desenvolve a habilidade de comunicar-se com suas emoções de uma maneira calma e profissional.

Promove o autoconhecimento, intuição, e a harmonização de seus medos e de sua moralidade.

Mindfulness melhora a saúde física:
Diminui a pressão sanguínea
Reduz dores crônicas
Melhora o sono
Alivia os stress e as preocupações
Alivia os problema gastrointestinais

Mindfulness pode ajudar a tratar:
Ansiedade
Depressão
Distúrbios alimentares (compulsão alimentar, bulimia, anorexia)
Abuso de tóxicos
Distúrbios obsessivos compulsivos

Capítulo 2 – A importância de viver o momento presente

"O ponto alto da vida é sempre o momento presente." - Louise Hay

O momento presente refere-se ao que estamos vivendo agora. Não é o passado e nem o futuro. É o agora.

Você não pode mudar o passado e não pode controlar o futuro. Entretanto você pode melhorar agora, mantendo-se consciente e aproveitando cada momento de sua vida.

De acordo com o autor Eckhart Tolle, o momento presente é tudo que realmente temos. Ele escreveu: "Perceba profundamente que o momento presente é tudo que você realmente tem. Faça do AGORA o foco principal de sua vida."

Infelizmente, a maioria de nós tem dificuldade para apreciar o agora devido a nossas "mentes macacos" como os budistas falavam, pulando de galho em galho como um macaco balançando entre as árvores. Se não estamos contemplando os arrependimentos do passado estamos preocupando-se com o futuro.

Viver o momento presente significa viver em aceitação

Quando você vive o momento presente você vive em aceitação. Você aceita sua vida como ela é agora invés de como ela poderia ser. Ficar atento permite você viver perdoando o que você fez ou o que não fez e permite a você obter paz, sabendo que tudo que o futuro o reserva acontecerá como deveria.

Vivendo em aceitação também é a chave para abandonar o stress. O stress pode impactar na sua vida negativamente e também pode atrapalhar sua habilidade de fazer boas decisões.

Quando você aceita as coisas como elas são sem julgamentos você está livre de um círculo de cogitação, ressentimento, raiva, arrependimento e preocupação. Quando sua mente é liberdade do stress mental que esses tipos de pensamentos causam, você também libera seu corpo das toxidades que essas emoções produzem.

Abrace seu poder de criar

Quando você aceita que seus pensamentos fiquem presos no passado ou no futuro, você renúncia seu poder pessoal. Poder pessoal é capacidade de escolher o que você pensa e o que você faz. Se sua cabeça está presa no passado ou no futuro, você não está exercendo o poder de criar o resultado que você quer no presente.

Contemplando as preocupações do passado ou do futuro você solidifica seus medos e inadequações. O subconsciente da mente ama criar imagens baseadas nos retratos que vocêtem. Ela não diferencia imagens de situações reais.

Por exemplo, se você usa o momento presente para criar uma imagem de você falhando em um teste, então existem chances de você falhar no teste. Não por causa você não tem o conhecimento necessário para passar no teste, mas porque o subconsciente da sua mente gastou vários dias priorizando falhar no teste, baseando-se nas imagens que você criou.

O agora é o único momento que você tem para criar a mudança. Se você quer mudar sua vida, você apenas pode fazer isso no momento presente baseado nos pensamentos que você teve. Quando você conscientemente escolhe seus pensamentos você pode beneficiar-se agora, usando seu poder pessoal para criar algo bom a cada momento.

Capítulo 3 - Por que praticar Mindfulness?
Mind Full, or Mindful? It's your choice.

Muitas pessoas falham em praticar o mindfulness porque eles não tem um entendimento solido porquê eles deveriam praticar.somente quando é entendido a importância da prática ela faz parte do nosso dia a dia.

Por que praticar o mindfulness?
Mindfulness permite a você:
Cultivar o contentamento
Construir a auto confiança
Controlar sua mente
Viver o momento presente
Ganhar poder por dar o seu melhor
Enaltece a qualidade de vida

Cultivando contentamento
Contentamento é um estado de felicidade e satisfação que existe quando você está totalmente ciente do momento presente. É um despertar para a irrelevância do ontem e do amanhã e usar toda a visão para a importância do hoje.

Quando você prática mindfulness regulamente você surpreende-se como se desconecta de se corpo (e se fixa em sua mente). Quando você distancia-se dos pensamentos aleatórios de sua mente, adquire maior paz e contentamento.

Quando você entra no mindfulness avançado, é um estado de espírito elevado que distancia-se do funcionamento do corpo físico.

Construindo sua auto confiança

Sem auto confiança, apenas existe o medo. O medo é causado por suas experiências passadas que são aplicadas no presente e podem ou não prosseguir para o futuro. A auto confiança existe quando você sente-se completo para experienciar o momento presente.

Diminuir o medo e aumentar a auto confiança depende de quais pensamentos você escolheu pensar. Você pode ser pego por seus devaneios negativos que estão em sua mente ou fazer uma pausa, dar um tempo e tomar o papel de observador, *escolhendo* ver seus pensamentos pelo o que são ... *pensamentos*.

As divagações vem por meio de simples hábitos que você cultiva. O mindfulness possibilita você reconhecer que esses tipos de hábitos não servem mais e muda-los. Isso promove mais saúde e auto confiança.

Controlando sua mente

Ou você torna-se mestre de sua mente ou sua mente irá controla-lo. Para viver uma vida produtiva, com propósito, você precisa controlar sua mente e não permitir ser controlado por ela.

Sem o mindfulness, esta seria uma tarefa custosa. O mindfulness enviar como ter um controle consciente de seus pensamentos e também como criar o tipo de experiência e realidade que você deseja.

Vivendo no momento presente

Quando você concorda em viver o momento presente sem denegrir seus pensamentos com o passado ou futuro, que são situações que você não tem como agir a respeito, você empodera a si mesmo para criar sua vida e deixa as coisas apenas acontecerem.

Gain the 'power to be your best self'

Your mind follows a map that has been modeled by culture, traditions and past experiences. This map doesn't allow you the freedom to experience an uncharted path but rather a predetermined one.

The only way to escape this going nowhere, predetermined path is to liberate your mind from it through mindfulness.

Praticando o mindfulness você irá enaltecer sua qualidade de vida

Praticando o mindfulness você aumenta sua consciência e possibilita o controle de sua mente. Quando você controla sua mente, você controla sua vida. Isso automaticamente enaltece sua qualidade de vida por que você pode dirigir sua vida, momento por momento, direcionando para atender o que te faz mais feliz.

Objetivo em praticar mindfulness

The goal of practicing mindfulness is to experience life now in its fullness. Experiencing life in its fullness means:

O objetivo em praticar mindfulness é experiência uma vida de plenitude que significa:

Viver a vida focando no momento presente

Estar consciente sobre como você está vivendo assim como que nenhuma parte dela é desperdiçada por apegos
Permitir-se viver totalmente o momento presente sem dúvidas desnecessárias
Experienciar a novidade de cada momento como um novo momento ficando livre das preocupações do futuro e passado.

Capítulo 4–Como praticar Mindfulness

"Quando você descobre que toda a felicidade está dentro de você, a necessidade e carência acabam, e a Vida torna-se verdadeiramente emocionante"
Byron Katie

Cultivar o mindfulness é necessário para vencer a preocupação e ansiedade e poder acessar a sabedoria natural que reside dentro de você. Entendendo que o minfulness é o primeiro marco para traçar o caminho da prática. Entender porque praticar o mindfulness é o segundo marco. Aprender como praticar é o terceiro marco do caminho.

Aprender como praticar o mindfulness tem três níveis chaves:
Estratégia
Ferramentas para a prática
Técnica

As _estratégias_ chaves para praticar o mindfulness são:
Evitar a ansiedade
Focar sua atenção no momento presente
Melhorar suas habilidades de apego e desapego

Não fazer julgamentos

Ferramentas chaves parapraticar Mindfulness

As mnemônica a seguir irão ajudar você de diversas maneiras a incorporar o mindfulness em seu dia a dia

Chuva

Pare

Ande

Chuva

Imagine que você está fora de casa e de repente surge um inesperada forte CHUVA. O que você ai fazer? Por um momento você, PARE e reconheça o fato que está chovendo e ANDE até um local seguro. Quando você chega em casa tome um BANHO e sinta-se limpo e continue seu dia.

Dê uma olhada em casa uma das palavras destacar e veja como pode utilizar cada uma na sua prática diária de minfulness.

CHUVA/RAIN

RAIN é um acrônimo que em inglês significa chuva, que foi desenvolvido por professores budistas anos atrás para demostrar um processo de quatro etapas para lidar com emoções intensas. O acrônimo RAIN está disponível em qualquer lugar. Quando estiver em uma situação dolorosa, você pode encontrar refúgio nas palavras do acrônimo para limpar sua mente confusa e estressada e levar você a um verdadeiro local de calma. Chuva é uma condição habitual que você sempre resiste no momento presente

Os quatros passos inclusos na palavra RAIN são:

Reconhecer

Aceitar

Investigar

Não identificar

Reconhecer o que está acontecendo

Reconhecer é confirmar o que existe de mais profundo em você. Isto começa no segundo que você reconhece o surgimento de uma emoção forte. Por exemplo, você pode reconhecer o nervosismo emergindo, mas se você concentrar no nervosismo em si, talvez não recoheça que o núcleo da sua resposta física é, na verdade, um medo do fracasso.

Quando você reconhece as emoções é importante perguntar a você mesmo "o que está acontecendo dentro de você agora? "Use sua curiosidade enquanto foca em suas sensações profundas. Tente não julgar o que você sente enquanto observa e ouve o que seu corpo está falando para você.

Aceite a vida como ela é

Aceitação significa deixar suas emoções, pensamentos e sentimentos ser o que são. É como quando você se recua diante uma emoção negativa, a "aceitação da emoção, independentemente de ser boa ou ruim é extremamente necessária para sua cura.

A fim de suavizar sua dor causada pelas emoções você precisa dizer uma palavra encorajadora como "sim" ou "eu aceito". No momento que fizer isto você vai sentir que o poder de suas emoções sobre você enfraquece. Quanto mais você fizer isto menos suas emoções vai ter controle sobre você.

Consentindo com suas emoções, você evita sua resistir e começa a relaxar e aceitar a experiência.

Investigação

É possível que os primeiros dois passos da palavra RAIN(chuva) sejam o suficiente para prover paz e calma a você. Mas caso queira aprofundar-se você pode acessar sua curiosidade por meio da investigação de seus sentimentos.

Para fazer isto basta perguntar "O que estes sentimentos querem de mim?" "Como eu me sinto neste corpo?" Escondido dentro da emoção você pode encontrar uma sensação dolorosa de indignação ou vergonha. É importante torna-se consciente dessas parte ocultas de uma emoção, a fim de eliminá-las, para que elas não mais alimentem a crença de que você é incompleto.

Os passos chaves para a investigação são:

Observar –Observar sem apegar-se a sua identidade ou emoções

Explorar –Explorar suas emoções sem ser perturbado por elas

Aprender – Reunir informações e extrair lições de sua exploração sem anexar suas opiniões a ela

Entender–Entender as lições aprendidas durante sua jornada

Apreciar – Apreciar suas emoções quando necessário, para você aprender com elas epoder crescer

Aceitar – Aceitar suas emoções como elas são

Não-Identificação

Não-identificação significa que você não é definido por suas emoções. A letra N no acrônimo RAIN não requer nenhum trabalho, simplesmente expressa um resultado: alcançar suas realizações por meio de sua consciência natural.

A não identificação ajuda a acabar com a "velha história" que sua mente gosta de refusar a todo o tempo. Isto promove um claro entendimento que suas emoções estão apenas passando por seu estado mental e não define o que você é.

Usando o RAIN ajuda você a assistir o trabalho que acontece dentro da sua mente. Ser um observador sem julgamentos ajuda você a crescer profundamente e entender os combustíveis da sua raiva, dor e medo.

PARE

Quando sua mente estiver mergulhada no stess use o acrônimo PARE:

Pare (o que você está fazendo)

Assista (seus pensamentos, sentimentos e emoções)

Respire(profundamente)

Assista (seus pensamentos, sentimentos e emoções)

Enfrente (faça o que tem que ser feito agora)

Pare

"Pare" é uma palavras poderosa no Mindfulness. Quando você experiência o estresse, pare o que estiver fazendo e separe o seu eu de suas ações por um momento.

Assista seus pensamentos, sentimentos e emoções

Quando você assiste seus pensamentos, você apenas observe o que está pensando. Quando você assiste é importante você entender que são apenas pensamentos não fatos, ele são meros pensamentos. Se seus pensamentos inadequados crescem, você apenas toma conhecimento, aceita como eles são e segue em frente.

Nomeie qualquer emoção que você "veja". Estudos provam que nomear emoções podem ajudar você a aliviar os efeitos.

Respire

Respire fundo e então respire normalmente. Preste atenção nos movimentos de sua respiração. Também ajuda quando você diz "dentro" quando inspira e "fora" quando você exala.

Enfrente

Depois, escolha uma prática que ajude você a enfrentar suas emoções. Isso pode ser uma caminhada, conversar com um amigo ou descansar um pouco.

ANDE/CORRA

Ande/Corre mindfulness envolve o seguintes passos:

A técnica seguinte pode ser praticada enquanto você está indo para o trabalho, indo comprar algo ou fazendo um passeio. Durante o dia, preste a atenção se você está correndo tanto que está perdendo o agora.

Apreciação

Ligamento
Consciência aberta
Mantra
Apreciação
Enquanto você anda seja grato que você possui a habilidade de andar. Pense que existem pessoas menos afortunadas que estão confinadas em cadeiras de roda e não tem o luxo de poder andar.
Ligamento
Ligamento é um modo de conectar intrinsecamente com o ato físico de caminhar. Concentre sua atenção em suas pernas e pés enquanto cada pé no ritmo passa do calcanhar ao dedo do pé. Siga o movimento de cada pé enquanto ele repete esse processo a cada passo.
Consciência aberta
Ande mais devagar e fique consciente de todos os sentidos como se fosse um. Use seus olhos para observar em volta enquanto você anda. Use seus ouvidos para escutar em volta. Sinta o ar tocando a sua boca. Sinta o quão refrescante é o ar em seu rosto e cheire o ar.

Tente estar consciente de cada um de seus sentidos. Absorva isto em tudo que você fizer.

Mantra

Enquanto você anda, simplesmente repita o mantra. Foque sua atenção apenas em seus passos e em seu mantra.

BANHO

Praticando Mindfulness enquanto você toma banho pode reduzir o estresse. Enquanto a maioria das pessoas pensam durante o banho em o que tem que fazer, tente aproveitar cada momento da desta experiência.

Desligue seu cérebro ocupado e sinta o cheiro do sabonete. Tente sentir a agua morna que gentilmente toca seu rosto e suas costas.

Dicas para desenvolver a prática mindfulness

É necessário entender que leva algum tempo para treinar seu cérebro desliga-lo do barulho habitual e reconhecer os momentos e eventos presentes. O cérebro está costumado a trabalhar o tempo inteiro, então seja paciente com ele.

Talvez você precise retornar seu foco diversas vezes. Pode demorar um tempo para você acostumar-se com esse novo hábito que quer aprender. Seja consistente que irá chegar lá.

Mindfulness e meditação andam justas. Existem diversas formas de meditar que podem ajudar você a desenvolver suas habilidades de foco para viver no momento presente. Para mais informações sobre como meditar, por favor procure meu livro Meditação para iniciantes. No final deste livro há um capitulo introdutório do livro.

Capítulo 5 - Técnicas para praticar Mindfulness

"Você não pode parar as ondas, mas pode aprender a surfar." – Dr. Jon Kabat Zinn

Este capitulo irá demostrar importantes exercícios de Mindfulness que você pode praticar todo dia. Embora o exercícios variem, o objetivo é sempre alcançar um estado de relaxamento alerta e concentrado, observando conscientemente pensamentos e sensações sem julgamentos. Isso redireciona seu foco para o momento presente.

Respiração atenta

Respiração atenta envolve ficar consciente e alerta enquanto inspira e expira. Também é necessário focar sua atenção na sua respiração, sua mente distraída começa a ser silenciada. Sua respiração torna-se objeto da sua concentração. Enquanto você continua a praticar respiração atenta você ganha mais controle da sua vida porque você escolhe viver o momento presente.

Para praticar respiração atenta é necessário focar sua atenção nos pequenos movimentos feitos durante a respiração. Siga cada respiro percebendo como o ar entra em seu corpo e como sai. Preste atenção na expansão de suas bochechas e seu abdômen enquanto inspira e como seu como contrai quando o ar é liberado. Se você se distrai durante a prática, simplesmente reconheça sua distração e gentilmente traga sua atenção a respiração novamente.

Quando a pratica encerrar fique alguns minutos refletindo sobre a experiência e conectando-se com o momento presente.

Um minuto respirando

Este exercício é curto e pode ser feito a qualquer momento do seu dia. Comece fazendo alguns lentos, profundos e relaxantes respirações. Tente respirar o mais profundamente possível para acessar seu diafragma.

Quando você sentir-se conectado com os movimentos da sua respiração olhe para o seu relógio. Quando o ponteiro dos segundos alcançar 12 segundos, respire profundamente e segure por seis segundos. Lentamente libere o ar, prestando atenção em cada parte da sua expiração lenta. Continue esse processo por 60 segundos.

Faça esse exercícios diversas vezes para restaurar a paz de sua mente e clareza do momento presente. Você pode ampliar o tempo do exercício seguindo o mesmo processo.

Meditação Mindfulness

Meditação Mindfulness é praticada sentando-se confortavelmente com as costas eretas e com os olhos fechados. Preste atenção na sua respiração e ouça o som que ela emite. Se seus pensamentos ficarem no seu caminho de sua prática deixe-os gentilmente e sem julgamentos e volte sua concentração novamente para sua respiração.

Quando você começar a prática da meditação Mindfulness, inicie incorporando no seu dia a dia praticando em pequenos intervalos de 5 até 10 minutos. Este é o suficiente para aprender este novo hábito.

Quando você começa a praticar regularmente como a ficar mais fácil, você pode lentamente aumentar o tempo da meditação. Em cada vez que sentar-se, foque em sua respiração e deixe relaxar a cada respiração.

O objetivo da meditação é simplesmente sentar em um local confortável e encontrar calma a sua mente. De fato quando VOCÊ senta-se e acalma SUA mente é uma forte ferramenta de empoderamento.

Quando mais você implementar está técnica em sua rotina, mais consciente e atento você irá ser em relação ao seus pensamentos, sentimentos e ações.

Sensorial

Independetemente de onde esteja, observe os sinais, sons, cheiros, sentidos e gostos. Beba a experiência e o que estiver ao seu redor preste a atenção.

Observação consciente

Pegue qualquer objeto que esteja ao seu redor e coloque em sua mão. Ponha toda sua atenção em este objeto. Simplesmente presta a atenção. Não observe o objeto criticamente apenas veja isto pelo que ele é.

Esse exercício deve dar a você uma sensação elevada de "vazio" e dar controle do momento presente. Você deve sentir-se seus pensamentos caóticos sobre o passado e futuro dissiparem.

Observação consciente não parece ser muita coisa, mas é extremamente poderosa.

Escutar conscientemente

Para a qualquer momento do seu dia e realmente escute os sons que estão ao seu redor.

Ouça o som do seu computador funcionando. Ouça os pássaros gorjear do lado de fora. Ouça o som dos carros indo e vindo. Ouça o som do avião que está distante.

Escutar conscientemente oferece a oportunidade maravilhosa de experienciar a serenidade e paz em qualquer momento

Estimulantes Mindfulness

Esta técnica envolve escolher o estímulos dentro do seu ambiente para lembra-lo a praticar Mindfulness a qualquer momento que o estímulo o ocorrer.

Por exemplo, o som do avião pode ser um gatilho para você imediatamente focar em sua respiração. Lavar as mãos, ver um gato ou um cachorro também podem funcionar como gatilhos.

Não há regras. Se o gatilho funciona, use.

Estimulantes Mindfulness são ótimos para tirar você do piloto automático e trazer ao momento presente.

Comendo conscientemente

Como conscientemente significa colocar toda sua atenção na experiência do comer. Preste atenção no aroma da comida e no sabor. Veja as cores da comida. Sinta a textura da comida e como é mastiga-la. Ouça o som que emite, os estalos da crocância. Esteja 100% envolvido na experiência do comer. Fique longe de distrações enquanto pratica.

Caminhando conscientemente

O objetivo de caminhar conscientemente é estar atento e envolvido com seu estado interior (sentimentos, sensações e pensamentos).

Quando você começa a caminhar, sente-se mais consciente e conectado com a terra. Reconheça suas pernas movendo e preste atenção nos seus músculos enrijecendo e relaxando a cada passo. Sinta a intensidade de cada passo. É macia ou dura o chão?

Depois, permita-se reconhecer os sons ao redor. Esteja consciente do que você vê, ouve, cheira e sente. Sinta o ar na sua pele e preste atenção no que acontece ao redor de você.

Quando você se lembra de ser consciente sobre seus passos e seus arredores, como a ficar atento a seus pensamentos e emoções. O que você está pensando? O que você sente? Não julgue seus pensamentos e emoções; apenas reconheça-os pelo que são.

Durante sua caminhada seus pensamento começam perambular para o passado ou futuro, gentilmente realoque-os ao presente. Foque em cada passo novamente.

Não desencoraje-se quando seus pensamentos vaguearem. Isso é completamente normal quando está desenvolvendo o Mindfulness. Veja como uma oportunidade para desenvolver suas habilidades e focar seus pensamentos no agora.

Use o PARE

Seja proativo sobre sua consciência usando o PARE nos pensamentos diários. Observe a si mesmo em vários pontos de vista durante seu dia a dia e veja se você está vivendo o momento presente. Se você não estiver, então use o "P" do PARE e Prossiga com algum tipo de atividade que vai ajudá-lo a viver o agora.

Dê ao seu cérebro um tempo

Ao invés de está engajado em "fazer alguma coisa" como checar e-mails, fazer ligações ou terminar o expediente, dê ao seu cérebro uma pausa. Olhe pela janela por um minuto e assista as nuvens passando, as folhas caindo ou as ondas indo e vindo.Foque sua respiração e observa uma experiência meditativa natural. Tente absorver completamente o momento e aproveitar o que vê.

Dez segundos de concentração

Concentration is the door that shuts out mental chatter. In order to practice concentration, close your eyes and slowly count to ten. When your focus wanders, gently lead your thoughts back to number one.

Understand that it's normal to have this mindfulness technique go like this:

Concentração é a porta que fecha para a mente agitada. Quando estiver meditando, feche seus olhos devagar e conte até dez. Quando foco estiver acabando, gentilmente leve seu pensamentos ao número um.

"Um...dois...três...quatro...Que horas vai começar a reunião? Oh, eu quebrei minha concentração."

"Um...dois...três...está muito quente hoje. Falaramque iria fazer sol até sábado. Ai não!

Não se preocupe. Dominar o Mindfulness é um processo.

Tempere sua rotina com o mindfulness

Pegue uma tarefa diária como limpar a casa e envolva-se totalmente nela.

Como exemplo tirar o pó. Atente-se a cada detalhe, como o pano age sobre cada superfície, como a vassoura toca o chão e leva a poeira.

Se estiver varrendo, atente-se a cada toque da vassoura no chão. Se estiver limpando com um pano envolve-se nos movimentos que faz com o pano para frente e para trás.

Gratidãoe a mágica dos cinco

Escolha cinco coisas do seu dia que normalmente passam despercebidas mas você sabe o quão abençoado é por ter.

Por exemplo, pense em seus sentidos, a visão, o olfato, o tato, o paladar, e a audição. Imagine como a vida seria sem eles. Tome um momento para agradecer aos seus sentidos. E continue este pensamento expandindo a outras coisas que você é também é grato.

Ser grato sempre leva a uma maior apreciação da vida e restaura o equilíbrio. E também alivia o stress, ansiedade e preocupações enquanto aumenta a paz e alegria.

Capítulo 6–Como o Mindfulness é importante para o seu desenvolvimento pessoal

"Pensar que você têm controle e influência da sua própria vida é um conceito chave que você precisa entender para praticar o Mindfulness."

– Janet Louise Stephenson

A pratica Mindfulness ajuda a tornar-se uma pessoa melhor. Nutre seu desenvolvimento pessoal e permite perceber que pensamentos errôneos não servem para você e no lugar coloca pensamentos de cura e verdade que nutrem seu bem estar. Seguindo estes pensamentos na meditação Mindfulness vai fazer sentir-se melhor.

Desperta seu conhecimento consciente

Mindfulness ensina você a aumentar seu conhecimento consciente. Crescendo seu conhecimento consciente você tem a opção de adquirir um levado nível espiritual. Quando você conecta-se profundamente com a espiritualidade, todas as informações que você recebe diariamente são filtradas pelo sensorial invés do sensorial. Isso fornece uma compreensão mais profunda e verdade da situação, e proíbe que você tome decisões com base em falsas percepções que são obscurecidas pela emoção.

Muda seu foco

É sua responsabilidade ter controle de sua mente. Se você deixar de pensar em o que quer que seja, sua mente irá incansavelmente andar de um lado para o outro como um raciocínio de animais enjaulado, preocupando-se com ideais espalhadas o dia todo. A única maneira de domar sua mente é focaliza-la naquilo que você quer.

Alivia suas preocupações

Mindfulness permite que você liberte rancores em potencial antes que eles tenham chance de envenenar você. Rancores geram ressentimento, sem ressentimento você se liberta das bagagens da culpa, vergonha, arrependimento e mágoa.

Libera o eu criativo

Quando você vive em união com o espírito, abre a porta para a criatividade. Inspiração, frescor e singularidade estão todos contidos no espírito. É impossível estar totalmente vivo sem uma conexão com o eu criativo.

Liberta você do auto julgamento

A maneira como você julga os outros está sempre em proporção a maneira a que você julga a si mesmo. Quando você aumenta sua consciência, você começa a reconhecer seu próprio auto julgamento. Reconhecer como você se julga é uma porta de entrada para libertar-se do auto julgamento.

Julgar a si mesmo e aos outros é uma perda de tempo. Ver a verdade de quem você é em vez de culpar a si e os outros é o caminho para a liberdade.

Nutrir a auto aceitação

Quando você se conecta com sua respiração e se torna um observador de seus próprios pensamentos ou censura-los, você se aceita. Se você julgar seus próprios pensamentos ou censura-los, ele se estabelecerão bem dentro de você e não poderá aprender e crescer.

Se você aceitar seus pensamentos sem julgamento, então será capaz de colocar o dedo daquilo que está perturbando sua paz e causando-lhe estresse e ansiedade. Muitas vezes, a única maneira de dizer adeus a algo é primeiro dizer olá a ela.

Arranca os pensamentos negativos

O Mindfulness não acaba com os pensamentos negativos mas faz questiona-los se são verdadeiros ou não. Muito da vida é sobre percepção, como você os acontecimentos. Sem o Mindfulness, os pensamentos negativos podem se transformar em bloqueios de estradas que impedem que você alcance todo seu potencial. O Mindfulness ajuda você a escolher suas percepções baseadas na verdade e a ver os acontecimentos como eles realmente são.

Melhora o seu psicológico

O bem estar psicológico é alcançado quando sua autoconsciência e a auto estima sã otimizadas para experimentar a liberdade e satisfação, é experienciando estas que você torna-se feliz.

Capítulo 7 – Como o Mindfulness é importante em suas relações

"Se você corrigir sua mente o resto vai se encaixar. "

– Lao Tzu

Com frequência, os relacionamentos acabam sendo um campo minado de velhos hábitos, bagagem emocional, expectativas e mal entendidos. A maioria de nós entra em relacionamentos para companheirismo e para construir uma conexão com alguém especial. Nossas intenções são doces, honestas e boas. Mas por que elas são desgastadas?

De acordo com o neuropsicológico Marsha Lucas "ficar no piloto automático é um grande inimigo nos relacionamentos". O piloto automático significa reagir a situações da mesma maneiras que fazíamos quando éramos crianças se relacionando com nossos pais. Mesmo quando adultos, tendemos a espelhar as mesmas ações que tínhamos quando éramos crianças "Por que isso acontece"?

A razão é porque a maior parte de nosso cérebro é afetada pelo que acontece no começo de nossas vidas. Por exemplo, eventos traumatizantes que ficaram gravados em nossos cérebros na parte emocional quando somos crianças. Marsha Lucas diz que "no campo dos relacionamentos, quaisquer memorias medonhas ou dolorosas ou potencialmente inseguras de relacionamentos estão no modo de prontidão para nos "ajudar" de evitar a ser ferido hoje em dia ".

Estes tipos de pensamentos podem causar :

... Discrepâncias repetidas nos relacionamentos

... A imposição de certas crenças embutidas ou ideais inesperados à outra pessoa

... A repetição de comportamentos desnecessários que levam aos mesmos argumentos repetidas vezes.

Felizmente, a fiação mental anterior é reversível. Como adultos, somos capazes de fazer novas conexões que podem nos beneficiar em vez de nos machucar e aos outros.

O mindfulness nos permite religar nossos cérebros a fim de tornar nossos relacionamentos duradouros, frutíferos e amorosos. Quando aplicamos a atenção plena aos relacionamentos, fortalecemos e cuidamos deles.

Os benefícios do mindfulness em suas relações

De acordo com Marsha Lucas, "o mindfulness pode nos ajudar a romper as reações negativas que causamos aos relacionamentos"

Tornar-se consciente nos permite aceitar a responsabilidade por nossos pensamentos e ações. Muitas vezes nos relacionamentos é fácil culpar a outra pessoa por ser difícil, não nos escutar e não nos entender. Quando você começa a assumir responsabilidade por suas ações, elimina a culpa. Isso permite que você acabe com os dramas repetitivos e alcance um lugar mais íntimo e significativo com seu parceiro e consigo mesmo.

Mindfulness ajuda você a:

...Controlar suas emoções

... Observar suas reações às coisas para modificá-las

... Gerenciar as reações do seu corpo a certos eventos

... Acalmar seus medos e ansiedades

Todos estes são ingredientes necessários para relacionamentos saudáveis.

Com um cérebro recém-religado que vê as coisas como elas realmente são, sua reação inicial de descobrir algo sobre o seu parceiro será anulada por uma conversa amorosa que nutre cada uma de suas necessidades.

O mindfulness ajuda seu cérebro a fazer escolhas no momento presente que o servem e ao relacionamento em que você está.

Mindfulness permite que você esteja totalmente presente para desfrutar e apreciar estar com amigos e familiares. Quando você mergulha na experiência de realmente estar com os outros, você cria tempo de qualidade com eles.

Mindfulness faz de você um melhor ouvinte. Quando você está vivendo no momento presente, pode realmente ouvir o que a outra pessoa está dizendo. Isso dá a essa pessoa a sensação de que o que ela está dizendo é importante e mostra a ela que você se importa com ela e com o que ela está dizendo.

Mindfulness torna você mais empático. Mostrar empatia é o ato de entender a condição da outra pessoa a partir de sua perspectiva. Quando você se coloca no lugar deles, expressa preocupação e cuidado por essa pessoa.

Mindfulness faz com que você se comunique melhor. Quando você está alinhado com a percepção consciente de seus próprios pensamentos e sentimentos, permite que você expresse suas experiências com mais clareza.

Estar mais atento e presente à verdade em uma situação impede que você aplique equívocos e sofrimentos passados a ela. Isso permite que você evite muitos conflitos e permaneça mais próximo e conectado ao seu parceiro.

Quando um casal trabalha em conjunto para cultivar seu relacionamento, há muita compreensão, compaixão, amor e coração aplicados a esse relacionamento.

Diga: "Quando nos conhecemos, nos tornamos mais fortes em nossos relacionamentos." O mindfulness permite que você observe a si mesmo em um nível mais profundo e verdadeiro, a fim de eliminar seus maus hábitos e substituí-los por bons. Quando você faz isso, você ajuda não apenas a si mesmo, mas a seus relacionamentos.

Capítulo 8 - Como o Mindfulness é importante no seu trabalho e negócios

Trabalho e negócios são duas coisas preocupantes na vida adulta. O ambiente de trabalho e os negócios podem causar estresse. Entretanto, o estresse pode ser impedido por meio da meditação Mindfulness.

A importância do mindfulness enquanto trabalha

Seguem algumas estratégias chaves para manter o sentido do Mindfulness enquanto trabalha:

Evitar a ansiedade

Focar sua atenção no momento presente

Use sua força para pegar e desapegar

Não fazer julgamentos

Estes irão percorrer um longo caminho para garantir que o seu trabalho não se torne uma fonte de miséria, mas sim uma fonte de alegria e felicidade.

Evitar a ansiedade—Você pode evitar a ansiedade não se preocupando com o que seu chefe dirá ou não dirá sobre a tarefa em que está trabalhando. Busque satisfação pessoal em sua realização. Pare de tentar agradar seu chefe. Em vez disso, concentre-se em fazer o melhor possível.

Focar sua atenção no momento presente–Não se concentre em seus fracassos passados e evite focar nos aspectos negativos que poderiam acontecer amanhã. Esses tipos de pensamentos servem apenas para perturbar seu foco a partir do momento presente. Eles também promovem estresse e preocupação.

Usar sua força para pegar e despegar – Aprenda a planejar suas tarefas e se concentrar em fazer a tarefa certa no momento certo. Quando você está trabalhando em uma tarefa, não comece a pensar na próxima tarefa. Também não contemple a tarefa que você acabou de concluir. Entenda que há um tempo para trabalhar e um tempo para o lazer. Durante o seu tempo de lazer evite pensamentos de trabalho e deixe-se aproveitar plenamente o seu tempo de lazer.

Não fazer julgamentos –Não julgue seus colegas, supervisores e subordinados.

A importância do Mindfulness enquanto faz negócios

Assim como você pode aplicar as estratégias mencionadas acima para manter um senso de mindfulness no trabalho, você também pode aplicá-las aos negócios da seguinte forma:

Evitar a ansiedade –Deixe os negócios acontecerem no agora. Não entre em pânico quanto a perder o alvo do dia. Simplesmente foque no momento presente e evite se preocupar com coisas que estão além do seu controle.

Focar sua atenção no momento presente–Seja totalmente útil para seus clientes, atendendo às suas necessidades da melhor forma possível no momento presente.

Usar sua força para pegar e despegar– Valorize seus clientes. Se eles escolheram comprar sua loja, agradeça e forneça o melhor serviço. Se eles fizerem referência à compra de produtos de um concorrente, entenda que eles estão apenas exercendo sua capacidade de anexar e separar. Não leve para o lado pessoal. Em vez disso, seja cortês e diga que você aprecia o negócio deles.

Não fazer julgamentos– Não julgue seus clientes, empregadores ou fornecedores.

Capítulo 9 – Como o Mindfulness é importante no seu dia a dia

A vida pode ser confusa, competitiva e difícil. É exatamente por isso que é importante valorizar a compaixão. Ser compassivo consigo mesmo é o que é a atenção plena. É o antídoto para perder seu senso de paz e alegria diariamente.

Nas instruções pré vôo em um avião, os comissários de bordo dirão aos passageiros para proteger sua própria máscara de oxigênio antes de ajudar os outros. É importante aplicar isso à sua vida também. Quanto mais você aprende a ser compassivo consigo mesmo em primeiro lugar, mais você pode demonstrar compaixão aos outros.

De acordo com descobertas científicas recentes, os pesquisadores descobriram que ser feliz é um estado de espírito que começa com a sua visão de si mesmo. Sua teoria afirma o seguinte:

Quando sentimos um profundo sentimento de gratidão por nós mesmos, apreciando nossa boa natureza e nos mostrando amor, autoestima e autocompaixão, somos mais capazes de enfrentar os desafios da vida com sucesso e graça, minimizando assim a ansiedade, a preocupação e a depressão. Simplesmente não há chance de aproveitar a vida sem primeiro gerar autocompaixão.

Praticar mindfulness permite que você desenvolva um forte senso de autocompaixão. Isso cria felicidade diariamente.

Pense na autocompaixão como o centro de tudo o mais em sua vida. Quando seu hub é sólido, sua vida é sólida. É a sua visão de si que afeta tudo o que você é e tudo o que você faz.

Mindfulness permite que você estabeleça um centro no qual possa construir uma vida feliz. Até que você decida praticar a atenção plena diariamente, sua mente irá dominá-lo e ultrapassar sua vida. É somente quando você aprende a viver conscientemente que você será capaz de moldar seu próprio destino, aliviar o estresse e se preocupar e viver uma vida feliz e pacífica.

Conclusão

Parabéns por finalizar o livro!
Sou apaixonado pela prática Mindfulness e espero que este livro seja útil para das as informações necessárias para aplicar a prática na sua vida e usufruir de seus benefícios.

Eu sinceramente espero que estas informações irão mudar sua vida.

www.ingramcontent.com/pod-product-compliance
Lightning Source LLC
Chambersburg PA
CBHW071902070526
44583CB00016B/1804